Ma Première Communion

Texte : Berta Garcia Sabatés
Illustrations: Marta Fàbrega

MÉDIASPAUL

C'est aujourd'hui
ma Première Communion !

C'est la fête !

Depuis mon baptême, j'ai grandi,
et aujourd'hui
je reçois Jésus en moi.
Jésus nous rend meilleurs
et plus forts !

Avec tous les chrétiens du monde,
nous sommes unis autour de lui.

C'est beaucoup de joie
et d'amour !

Papa et maman
m'ont appris
que la vie est magnifique
quand on vit avec les autres
comme si on ne formait
qu'une grande famille,
en prenant soin de chacun !

Ils m'ont appris
qu'il y a des choses très importantes
comme la bonté, le respect,
la patience et l'obéissance,
la compréhension et la tendresse :
tout ce que nous enseigne Jésus
dans l'Évangile.

Et cela apporte
beaucoup de bonheur !

Maintenant, je sais que je fais partie
de la communauté des chrétiens qui s'appelle l'Église,
où chacun est important, où chacun peut compter sur l'autre.

Au catéchisme, j'ai compris la Parole de Dieu,
et j'ai aussi découvert la Bible, la vie de Jésus,
et tout ce qu'il a fait et nous a appris.

Vraiment,
j'ai beaucoup de chance...
car il y a bien des enfants
qui ne le connaissent pas.

Aujourd'hui, avec beaucoup d'autres enfants,
je reçois pour la première fois Jésus présent dans l'hostie :
le sacrement de l'Eucharistie ! Jésus vient en moi et il me bénit.
C'est une grande cérémonie.
Mes parents, ma famille et mes amis
m'accompagnent à l'église et la messe a été préparée
rien que pour nous !

Je sais que la première Eucharistie,
c'était au dernier repas de Jésus,
la dernière Cène :
il a béni du pain et du vin en signe
de son Corps et de son Sang,
et il a offert sa vie pour que nous ayons
la vie éternelle.

Et depuis, recevoir la communion dans l'Eucharistie,
c'est être uni à Jésus et à tous ceux et celles
qui se rassemblent en son nom.

À l'église,
tout le monde écoute
attentivement les lectures.

C'est un jour de joie et de fête,
avec de très beaux chants,
et tous les communiants
sont bien habillés.

Mais la fête,
elle est surtout dans mon cœur,
parce que je pense très fort à Jésus
et que je veux lui ressembler !

Il y a aussi un moment
très important :
celui où nous disons
tous ensemble
le Notre Père,
avec nos parents
et nos amis.

C'est la prière de Jésus,
et c'est pour déclarer :
« Je veux lui être fidèle !
Je veux suivre l'Évangile
avec toute mon Église ! »

Après la messe, on se retrouve avec toute la famille,
les parents, les grands-parents,
les cousins et cousines,
les oncles et tantes
et nos meilleurs amis.

Tout le monde me félicite :
« C'est un grand jour pour toi ! Comme nous sommes heureux d'être présents ! »

En souvenir de cet événement,
j'ai préparé pour eux de belles images
avec la date et le nom de l'église
où j'ai fait ma Première Communion.

Je leur offre aussi des dragées
blanches, bleues, roses,
ou de toutes les couleurs !

Ensuite,
on partage ensemble un très bon repas
avec un gâteau délicieux
et maman prend plein de photos
en souvenir de ce beau jour.

Puis, c'est la fête :
on rit, on s'amuse beaucoup !
Les enfants jouent ensemble
et les grandes personnes
racontent des histoires.
Tout le monde est très joyeux !

On n'oubliera jamais
ce jour-là !

Pour que je garde le souvenir de cette grande fête,
mon parrain et ma marraine m'ont apporté des cadeaux !

Je les aime beaucoup : ils sont irremplaçables !
Je peux toujours compter sur eux :
à mon baptême, ils ont promis de veiller sur moi
et de m'aider à grandir dans la foi !

Comme je les remercie !

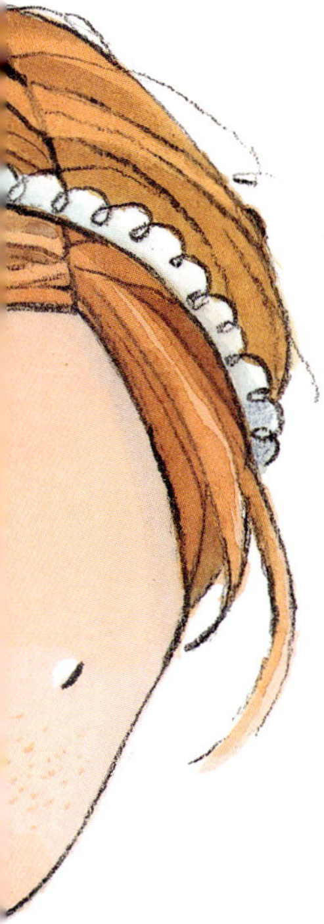

L'amitié avec Jésus,
c'est quelque chose d'extraordinaire,
qui donne plein d'amour.

Son Évangile
nous montre le chemin de la vérité et de la joie.
J'ai envie de le dire à tout le monde !

Je crois que je me souviendrai toujours
de cette célébration.

Et pour cela, j'irai communier souvent.
Cela m'aidera à ressembler à Jésus,
à vivre en aimant Dieu et les autres,
et à rendre le monde meilleur !

La prière de Jésus
(Notre Père)

Notre Père qui es aux cieux,
que ton nom soit sanctifié, que ton règne vienne,
que ta volonté soit faite sur la terre comme au ciel.
Donne-nous aujourd'hui notre pain de ce jour.
Pardonne-nous nos offenses,
comme nous pardonnons aussi
à ceux qui nous ont offensés.
Et ne nous soumets pas à la tentation,
mais délivre-nous du Mal.
Amen.

Je vous salue, Marie

Je vous salue, Marie pleine de grâce ;
le Seigneur est avec vous.
Vous êtes bénie entre toutes les femmes
et Jésus, le fruit de vos entrailles, est béni.
Sainte Marie, Mère de Dieu,
priez pour nous pauvres pécheurs,
maintenant et à l'heure de notre mort. Amen.

Le Credo

Je crois en Dieu, le Père tout-puissant,
Créateur du ciel et de la terre.
Et en Jésus Christ, son Fils unique, notre Seigneur ;
qui a été conçu du Saint-Esprit,
est né de la Vierge Marie,
a souffert sous Ponce Pilate, a été crucifié,
est mort et a été enseveli, est descendu aux enfers ;
le troisième jour est ressuscité des morts,
est monté aux cieux,
est assis à la droite de Dieu le Père tout-puissant,
d'où il viendra juger les vivants et les morts.
Je crois en l'Esprit Saint, à la sainte Église catholique,
à la communion des saints, à la rémission des péchés,
à la résurrection de la chair, à la vie éternelle. Amen.

Voici des idées pour les cartes d'invitation à ta Première Communion.
Tu peux les préparer avec l'aide de tes parents.

Carte d'invitation

Matériel

Carton blanc, beige et autres couleurs, colle, des figurines (anges, croix, visages de Jésus), un stylo noir, des ciseaux ou un couteau.

1 Coupe un carton beige de 20 x 15 cm et plie-le à moitié.

2 Au recto du carton, trace un cadre de 5 x 5 cm et coupe-le pour créer une petite fenêtre.

3 Découpe un cadre pour décorer la fenêtre en utilisant un carton de couleur différente. Colle le cadre et attend qu'il sèche.

« Sur la page de dessous,
tu peux délimiter légèrement
au crayon l'espace de la fenêtre
dans lequel tu écriras.
De cette façon, ton nom
ne sera pas caché quand tu
fermeras la carte. »

4 Décore la première page de la carte en y collant les figurines que tu as choisies.

5 À l'intérieur de la carte, écris « Ma Première Communion » et ton nom pour qu'on le voie bien à travers la fenêtre.

6 Puis, écris en dessous : une phrase d'invitation, le nom de la personne que tu invites, la date et le lieu de la célébration.

Cadre de photo souvenir

Pour te souvenir de ce grand jour, voici comment réaliser un beau cadre où placer une photo de ta Première Communion et d'autres souvenirs.

Matériel

Un carton mince dans tes couleurs préférées, des crayons de couleur, une règle, des ciseaux, de la colle, quelques photos et objets qui te rappellent ce jour. Tu peux aussi acheter du papier métallisé et même des paillettes ou des autocollants si tu veux le rendre plus décoratif.

1 Coupe un morceau de carton mince mesurant 45 x 20 cm. Fais deux plis, de sorte que les côtés forment le support du cadre (voir ci-contre à droite), et coupe la partie supérieure en suivant des formes ondulées.

2 Colle ta photo préférée de la Première Communion au centre. Dessine un cadre avec un carton de couleur différente et colle-le pour qu'il entoure la photo et la fasse ressortir.

3 Sur le côté gauche, tu peux écrire une pensée avec la date et le lieu de la célébration, mais aussi un souvenir important de la journée ou une liste des membres de ta famille et des amis qui étaient présents. Décore le reste de la carte selon tes goûts.

4 Sur le côté droit, tu peux coller d'autres éléments décoratifs et des souvenirs de la journée, des photos, autocollants, etc.

« Le haut de la carte sera plus régulier si tu coupes les deux épaisseurs de carton en même temps. Quand tu l'ouvriras, tout sera bien symétrique. »

Ma Première Communion

Texte : *Berta Garcia Sabatés*
Illustrations : *Marta Fàbrega*

El Castell, 38 08329 Teià (Barcelone, Espagne)
www.mercedesros.com
email : info@mercedesros.com

Pour la version française :

Adaptation des textes : *Annick Lalucq*

Médiaspaul Éditions, 48 rue du Four, 75006 PARIS
editeur@mediaspaul.fr
ISBN 978-2-7122-1100-4

Pour le Canada :

Médiaspaul
3965 boulevard Henri-Bourassa Est
MONTRÉAL, QC, H1H 1L1

Imprimé en Chine